사랑한다는

고백에

맘 설레고 싶은

사랑꾼들을 위하여

詩와 사랑 7집_사랑한다는 고백에 맘 설레고 싶은 사랑꾼들을 위하여
2023년 03월 21일 초판 발행

지은이 | 박경철
발행인 | 박찬우
편집인 | 우 현
펴낸곳 | 파랑새미디어

등록번호 | 제313-2006-000085호
서울특별시 마포구 서교동 357-1 서교프라자 318
전화 | 02-333-8311
팩스 | 02-333-8326
메일 | adam3838@naver.com

가격 10,000원
979-11-5721-178-4 (04810)
979-11-5721-106-7 (세트)

시와사랑 VII 집

사랑한다는
고백에
맘 설레고 싶은
사랑꾼들을 위하여

青死 박경철

서문

내가 나를 바라보며 적어 봅니다.
주관적일 수밖에 없는 상황이겠지만
사랑 詩를 쓰는 나의 작업 세계는
그 누구도 건드리지 못하는 성역이
되었다고 자신만만(?)하게 외칩니다.
그 어떤 사랑을 논한다 해도
맞짱뜰 준비되었으니까요.

자꾸만 등단하라고 합니다.
내가 등단하지 않는
결정적인 이유가 있습니다.
이 세상에 태어나는 순간
조물주의 섭리와 은혜 아래
가장 특별한 시인으로 등단하며
감탄사를 연발하기 시작했으니까요.

사랑은 평가받는 것이 아니라
그냥 보이는 대로 느끼는 것이고
감정이 살아있음을 확인하는

가슴의 언어를 토해내는
가장 거룩하고도 절절한
아름다운 노동입니다.
詩의 세계에서 형식을 논하는 자체가
이미 詩이기를 포기한 것입니다.
내가 추구하는 詩의 세계,
바로 자유와 사랑입니다.
있는 그대로 꾸밈없이 마음이
시키는 대로 쏟아내는 것이
진짜 사랑 詩입니다.

바라볼 때
생각할 때
말할 때
설렘이 없다면
건조한 인생 맞습니다.
아무리 아니라고 우겨도…
사랑 없으면 아무것도 아닙니다.
그러니까 살아있음을 보여주세요.

난 오늘도 사랑 하나로 충분합니다.

THANKS TO

가장 아름다운 사랑꾼 시인으로
날 빚어주시는 하늘 아빠,
시와 사랑을 읽으며 설레는
나의 벗 사랑꾼들,
매번 나를 더 멋진 사랑꾼으로
만들어 주시는 파랑새미디어 대표님,
그리고 날 사랑하고 기억해 주며
공감하고 응원해 주시는 많은 분과
가장 소중한 내 가족에게
일곱 번째 시와 사랑을 드립니다.

2023년 하늘이 더 가까워진
김포 구래동 햇살 아래에서

C O N T E N T S

제1부 : 사랑의 위대함

제2부 : 유치한 게 사랑이다

제3부 : 다시 태어나도

제1부

사랑의 위대함

사랑의 위대함

두말하면 잔소리

그저 입가에 미소

더워지는 가슴

하늘이 나를 감싸듯

나 당신을 품는다.

겨울 추억

첫눈이 내리면
어디로 나가보라고
한 것 같은데
갈 곳이 없다

기억해 낸 곳
덕수궁 앞
조그만 찻집이었는데
옛것이 그리운
엘피 음악 긁히는 소리
창밖으로 눈 내려
애틋한 마음 부르고
손잡아 줌 하나로
가슴 뜨거운 추억

클래식도 좋고
발라드도 좋고
함께 있으면
세상 어느 곳이라도
천국이 되니까

오늘은
둘만의 감성
실컷 캐내어 보자
하늘 쏟아지도록

조그만 찻집
덕수궁 앞

전반전 후반전

긴긴 세월
사랑을 나눈 말들

무조건의 눈먼 시절
설렘, 속삭임, 영원
별, 천사, 그리움
한 마디만으로도
살아있음이 가슴 벅찬
사랑의 존재

새로운 인생 후반전
의연함, 인내, 눈물,
희생, 기도, 헌신,
생각 하나만으로도
여전히 심장 고동치는
사랑의 선물

알았습니다
사랑이 아름답고 소중한 건
꺼지지 않는 불씨로

순례의 동행자
마음 만져주는
변함없는
자극이기 때문인 것을

꺼지지 않는 불씨
사랑이 아름답고 소중한 건

Virus of love

사랑은
언제나 그랬듯
약속이라는 덩어리를
간직해야만
진실이라고 믿어왔다

가장 괜찮은 인생은
당신을 사랑하는 만큼만
멋있고 맛있게 사는 것

상투적이고
촌스러운 고백 같지만
최고 괜찮은
당신 나의 전부

영원한 사랑
절대 없다 얘기해도
난 찰떡같이 믿는다
하나밖에 모르는
눈먼 미친 사랑은

여전히 살아있다고

쭈욱 살맛 나고
삶이 그럴듯한 것은
보기에도 아까운
아름다운 당신
예쁜 사람 때문

여전히 살아있다
눈먼 미친 사랑을

Endless love

마음속에
담아놓은 사람은
향기롭구요

빛나는 사람은
사랑의 고백으로
안아주는 것입니다

뜨거운 심장으로
시를 쓰고 노래하는 사람은
맛이 있구요

멋이 있는 사람은
세월의 풍랑을 넘어
함께 가는 순례입니다

웃음이든 눈물이든
기쁨이든 아픔이든
그리움이든 설렘이든
무슨 말이 필요할까요

처음도 당신

결론은 사랑입니다

결론은 사랑입니다
처음도 당신

회고

우리에게도
질곡의 시간은 있었지
아픔
상처
눈물로 얘기되던
절망의 하늘 숲

붉은 노을도

석류 열매 빛깔도
처음 사랑의
반짝이는 별이 되어
강을 건너
숲속 달빛 곁으로
아무 말 없이 안겼다

미안함에 젖어있는
가녀린 자존심
이젠 맘 비우고
늘 그리움 속에 있는

행복한 나라

내 꿈 사람 만나러 간다

행복한 나라
늘 그리운 속
이젠 맘 비우고

사랑이라면

생각보다
더 괜찮은 모습

당신은
늘 그 자리에서
연분홍빛 꽃으로
끝없이 시간을 지키며
당신을 사랑한
터질듯한 심장보다
더 크고 뜨거운
파도의 부서짐으로
나를 품어주었다

잎새 다 떨군
차가운 나뭇가지 사이
처절한 몸부림으로
쏟아지는 햇볕은
지쳐 멈춰버린
멀리 겨울 산 덮고
잠시 쉬어가라는데

포근히 안긴 가슴
따뜻하고 황홀하니
삭풍으로 눈 감겨도
끝끝내 함께 손잡는다

어디든 가보자
사랑이라면

어디든 가보자
사랑이라면

민낯

인생은 민낯

구겨진 젊은 날
꼬깃꼬깃 접혀
끄집어내기 싫은 곳
맘 깊은 자리 차지한 채
한 폭 그림
꾸역꾸역 덧칠하고
아픈 날 조각들
후회와 눈물
참회의 사랑으로
이름 없는 들꽃이지만
나만의 향기 되어
그게 행복이라 노래한다

환절기는
이별의 아픔으로
새날의 탄생을 마중하며
환상적인 꽃을 약속한다

아주 적나라하게

사랑은 민낯

후회와 눈물
아픈 날 조각들

사랑의 위대함

그렇잖아도
웃을 일 줄어드는 세상
넉넉한 인심
쏟아줄 수 있음 좋겠다

가면 뒤집어쓰고
등쳐먹는 세상
진심으로 박수해 주고
힘 불어 넣어주는
친구이면 좋겠다
누구라도 간절한
이젠 나보다 나를
더 사랑해 주는
그 사람이 있음으로
언제든 본향으로
달려갈 수 있음을

사랑의 위대함
두말하면 잔소리
그저 입가에 미소

더워지는 가슴

하늘이 나를 감싸듯

나 당신을 품는다

두 말하면 잔소리
사랑의 위대함

경주하는 사랑

함께라면
언제든 어디든
훈훈함으로 웃고요
천릿길이라도 갑니다

함께함의 쉼 없는
위로의 독백이라도
달빛 속에 숨은
샛별 하나를 찾아
그대만을 위해
반짝이게 해줄 겁니다

열두 달 달력
한 장씩 내릴 때마다
사랑할 수 있는 날이
사각사각 줄어들며
늘어나는 주름살에게
아쉽다고 하소연하니
날 위한 사랑의 성
높고 높은 산등성이에

땀 흘리고 올라가
맘껏 뛰어들어 안깁니다

우리 거기에
소리 없이 눈으로 얘기하며
하늘 바라봅니다
사랑해서
사랑하니까

앗, 눈뜨고 나니
달력 다시 열두 장

천릿길이라도 갑니다
함께라면

사랑의 밀물

수수께끼 인생이라고
아파하지 말고
무지갯빛 수채화로
그냥 맘껏 즐기면
하늘이 놀아줄 거야
구름도 띄워주면서

살아온 날들이
가슴 움츠러드는
쓸쓸한 기억으로 아파하고
진실의 고백
천 번 만 번 읊조려도
한 번 품은 사랑은
살이 되고 뼈가 되어
그게 삶이라고
그게 인생이라고
아주 고상하게 말하네

여태껏 그랬듯
새날도 변하면 안 되겠네

한판 사랑의 세레나데
졸린 오후 꼬셔댄다

아주 고상하게 말하네
그게 인생이라고

오늘도 눈먼 사랑

어제
그대가 있어
설렘이라 하고
오늘
그대를 기다리니
연분이라 한다
내일
가슴 뛸 테니
당연히 연인이지

인연은
아름다운 고백
숨넘어가는 감동
황홀한 동행
사랑이라는 이름

가장 좋은 말
다 불러 세워도
이 세상 최고의 예쁨
두말 필요 없는 당신
오늘도 눈먼 사랑

사랑이더냐

그리움에게 묻고
사랑에게 답하라

억겁의 인연을
칭칭 싸매고 동이면
눈물도 온기로 변해
마음에 차오르는
향기 가득할 테니

해가 가고 나면
바람결에 앉아있던
아물지 않은 상처
목 놓아 울어대고
뒹구는 고엽
바스락거림에
먼 하늘 바라본다
님 거기에 계시려나

그리움 부르니
사랑이 곁에 있다

늘 예쁜 사람

숨소리 죽이며
아침의 태양 보아라
어젯밤 품었던
당신의 향기
가슴 붉게 물들고
회색빛 구름 도망간다

마음과 마음
끈끈하게 이어주는
해바라기 일념이
언제쯤 꽃피려나
그 옛날 손잡았던
하늘 푸른 날 그리워
슬쩍 눈물 훔치고
벅차오르는
불꽃을 기다린다

오늘 가버리면
내일이 기대될 거고
내일이 와도

당신은 여전히 예쁠 거다
늘 그랬으니까

내일이 기대될 거고
오늘 가버리면

아~~~

해가 짧은 건
추운 날 위한
우리 저녁 밥상
오손도손 소꿉장난
웃음이 기다리기 때문

밤이 기나긴 건
약속하지 않았어도
둘이 만나
새봄 기다리며
꿈길 실컷 놀기 때문

길고 짧은 건
재봐야 알겠지만
분명한 건
함께 가는 청춘이
너무 빨라서
눈물 난다는 사실

오늘도 급행열차

싹둑 잘라 달아난다
뒤도 안 돌아보고

오늘도 급행열차
함께 가는 청춘이

사랑이니까

온 세상 얼려버린
참혹한 동장군
어디까지 가나 보자

하늘도 시리고
땅도 아프고
공기마저 힘겨운
고난의 시절
미끄러져 가며
봄날을 기다리는
애심의 노래가 있다

주머니 속
따뜻한 손 준비해서
발개진 볼이라도
살포시 부벼 주면
살다 살다
가장 따뜻한 날이다

행복이란 게

마음먹기 달려 있지만
사람은 언제나
마음먹은 대로 다가와
가는 젊음을 붙잡는다

오늘 밤 또 가고
아쉬운 맘
사람으로 남아있으면
내일도 기분 좋게
또다시 눈을 떠야지
사람이니까

당신이니까

꿈을 꾸자
봄나들이 가는

눈꽃 피고 지고
칼바람 물러나면
귀 간지럽히는
연둣빛 속삭임
기분 좋게
잠 깨워 주겠지

나만큼
당신만큼
가슴 뛸 일 있을까

바람에 덜컹인 창문
희미한 가로등 아래
심장 터지도록
안아보자
엄청 뜨거울 테니

햇살에 숨어버릴
안개 속 서성이면
그리움으로
차 한잔 마시고
한걸음에 달려나갈게
당신이니까

가슴 뛰는 일 있을까
당신만큼
나만큼

기적

정말 신기한
사랑이라는 기적

다 쏟아주어도
희망 가득
긍정 충만
더 부요해지니 말이다

묵은 때 밀어낸
세신(   )이 주는
뿌듯함보다
더 행복하고
웃음이 나오니 말이다

천국이 나에게 왔다
소중한 사람으로

여태 살아온 것
정말 신기한
사랑이라는 기적

有

난 파란 하늘
당신은 태양광
발전소 돌아간다
나이 한 살 더 먹고
사랑 한줌 더 챙겨
추억 한 벌 더 입는다

위로와 인정에
미소 짓고 힘이 나니
아침이 희망이고
저녁이 꿈결 같다

살아가게 하는 힘
우리 부를 노래
역시나
사랑의 기쁨
사랑의 진심
사랑 빼면 시체
난 오늘도 살아 있다

눈물 꽃

까짓거
눈물 한 번 닦지 뭐
살아보니
사랑은
눈물 없이 안 되더라

엄마 배 속 나오며
멋모르는 울음으로
신고식 했듯
동행 위한
눈물의 약속
평생 인연으로 가는 거야

눈물 맛 보니
인생이 정겹고
소중한 사랑도
가까이 보이고

눈물 속에
꽃 피어났네
당신 너무 예쁘다

보물

사랑을
꽃에 비유하는 건
예쁘고
향기롭고
연약하기 때문

당신을
꽃이라 부르는 건
곱고
아름답고
여리기 때문

사랑이든
꽃이든
늘 곁에 있는
참 좋은 보물이다

먼저

조용히
기다려주는 사람

어설픈 발걸음
터벅터벅 소리
가까이 왔다고
마중 나오고

눈빛 하나로
정겨운 손길로
지친 맘과 생각
벌써 달래며

그대는 이미
무얼 원하는지
알아차렸다

말없이 그냥
포옥 안아주면 된다
지금은 그게 최고야

아프니까

추우니까

먼저 기다려주는 사람

사랑의 농도

옷깃을 여미면
삭풍은 멈춰지고
슬그머니 온기
밀려올 즈음
소망이든 행복이든
겨울 앨범 펼쳐집니다

살아온 날들
다 기억 못 해도
사랑이 준 미소
그리움 한 조각
더 이상 숨길 것 없이
녹아버린 심장이라고
그냥 속삭여 주고
사랑한다고 말해 주세요

너 없이 못 살겠다는
말보다는
당신 없는 빈자리
미칠 듯 마음 허전한

원색적인 모습이
하늘 아래 최고의
춤판을 벌이고 있어요

사람 사람 사람
아무리 외쳐봐도
역시 황홀하네요

역시 황홀하네요
아무리 외쳐봐도

섬에서 사랑을 그리다

하늘과 맞닿은
한결같은 바다
선명하게 드러나는
당신의 삶

나눔과 비움
섬김과 사랑이 친숙한
가진 것 없는 부자
있는 그대로 미소 주는
그래서 더 예쁜

세월의 흔적 속에
연습으로 얻은 행복보다는
삶 그대로의 마음으로
이유 없이 그냥 좋은
섬 소녀였던 시절
가슴 설레게 하고

아직도 여전히
그리고 오늘

소망의 내일
알 만큼 알아도
누가 뭐래도
사랑하기 딱 좋은 나이
그래서 살맛 나는

하늘 바다를 품듯
나 당신을 안는다

삶 그대로의 마음으로
연습으로 얻은 행복보다는

미소, 눈물, 사랑

미소는
당신이 있기에
감사한 고백
복에 넘치는 모습

눈물은
당신을 향한
그리움의 열매
견뎌냄의 이유

미소가 있어서
동행이 아름답고
눈물을 닦아야
사랑이 소중하고
당신이 있기에
내가 존재한다

그리움

어쩔 수 없이
하늘만 보이는 섬
가끔은 듣고 싶어지는
뱃고동 소리
뿌우웅~~~

간절하게 뛰는
심장의 열기도
창문 틈 비집고 침입하는
쌔한 바람 소리에
다시 먼 바다 바라본다

언젠가는 우리
이생에서의 끈이
이렇게 가슴 시린 걸까
그래도
내 안에 살아있다면
눈감는 날까지
충분히 견딜 수 있겠지

봄날 꿈꾸며

바다 건너
날아가고 싶다
섬이 싫어서가 아니라
사랑을 간절하게
불러주니 말이다

파도 숨죽이고
바람 살금살금 뒤꿈치 들고
눈 감은 하늘
긴긴 꿈을 청하면
두근거리는
그리움 만큼
세상이 밝아오고
쓸쓸한 주머니
사랑으로 채워진다고
너른 백설의 제국을
봄날 연두로 색칠한다

가고 또 가다 보면
마음까지 더워진

아주 익숙한 느낌일 거야
따로 설명하지 않아도
알 수 있는···

봄날의 연두로 색칠한다
너른 백설의 제국을

찰칵, 한 컷

하루 한 컷
달콤한 기억을 소환한다

마음 빼앗겨
심장에 구멍 뻥 뚫린
파란 하늘 도화지에
지난밤 밀려와
방파제 때리며 외치던
그리움의 노래
흰 눈으로 채보한다
정말 환상이다

아침에 은빛 출렁이더니
저녁에 금빛 울렁거리며
춰~얼썩 촤~아아
깊어가는 낙도를
잠 못 들게 한다
그래서
사람은 낭만인가보다

그리고 당신
남들이 놀려대도
나만의 유치찬란한
최후의 보루
내 안에 한 컷
찰칵

그리움의 노래
방파제 때리며 외치던

사랑을 아는가

사랑의 절절함은
하루 종일 기다려도
지루하지 않은
신나는 춤판이며
필요 없는 가지 쳐내는
힘찬 톱질이다

사랑을 아픔 없는
장밋빛 꿈으로만 아는
자격 상실자의 변론이
어제도 오늘도
까만 하늘 색칠하며
야속한 밤을 내팽개친다

단박에 알아차릴
익숙한 사랑의 향기는
두 사람의 간격을
차근차근 좁혀주며
말하지 않아도 기대어
푸근함을 노래한다
사랑은 느낌으로 느껴지니까

끝끝내

가슴 뛰게 하는 사람
얼마나 더
세월의 이슬을 밟아야
뛰지 않을까

딱 꼬집어 말하기 힘든
느낌도 좋고
기분도 좋고
그냥 안아주고 싶은
행복을 주는 사람

밤하늘로 눈물 닦고
꿈으로 안아주면
하나 됨이 완성되고
먼 길 여행도 신나겠지
하루 더 기쁨
이틀 더 만족
가고 또 가도 그리움
끝끝내 사람

우리 사랑

땅일까
하늘일까
사랑이 숨 쉬는 곳이

어딘들 어떠랴
살아가며
그리워할 사람
사랑할 사람 있는 게
늘 마음 따뜻한 일인걸

하늘이면
구름 위에 앉혀 바라보고
땅이면
등에 업어서
어디라도 가면 되지
미치도록 착하고
예쁜 사람이니까

내가 나답고
당신이 당신다운 건

사랑하는 마음을
그대로 얘기해 주는 것
찡긋 미소로
마음을 알아차린 것
언제나 두근거림으로

사랑할 사람 있는 게
늘 마음 따뜻한 일인걸

추억 헤는 밤

산이 있어서
남산이 보여서
타워가 있어서
어느덧 그 옛날
봄날의 약혼식 필름
35년을 흘러갔네

눈부심
순백의 옅은 미소
아무래도 좋은 날인데
당신이 아름답다는 건
맑은 눈빛으로
흥얼거리는
마음 살짝 숨긴
애틋한 노래
여전히 생생하다

앞으로
몇 년이나 더
동행의 고백으로 살까

다음에 다시
이곳에 올라와서
지난날 돌아볼까
무교동의 밤 깊어간다

앞으로 몇 년이나 더
동행의 고백으로 살까

가자 가자

꽃길을 만나려면
가시밭길 지나야
주어지는 기쁨인데
아픔을 싫어하고
눈물을 피해가며
풍요로움을 꿈꾸니
정말 몹쓸 짓이다

나이 먹어가면
철들어야 하는 건가
사랑을 정으로
살아가야 하는 건가
무덤덤하게
눈만 껌뻑여야 하나
그건 배신이고
무의미한 시간 낭비

욕심이 아름다우려면
사랑을 꿈꿔야
착한 마음 생기고

다 주고 싶어지는 거야
그게 기쁨이고
행복이라는 거야
사랑꾼으로 사는 거
그게 정말 멋진 거야

단 하나

살아보니
어른이 되고 싶었던
그 아이의 마음
진심이었는데
이제 와 따져보니
무르고 싶은 생각

살아보니
인연도 아픔도
눈물도 사랑도
정신없는 뜨거움에
넋 없이 풀어지고
꽃바람 휘날리는
어느 곳이든
한걸음에 달려간다

단 하나 내 사랑뿐

비교

아주 익숙한
코로나 천지
무덤덤

역시나
매일 듣게 되면
귀에 못 박혀서
감흥이 없네

작년 봄
너무 우중충했는데
올해도 칙칙하고

그래도 희망은
사랑이 살아 있다
아주 친절하게

익숙하지만
기분이 좋다

깨달음

조금씩 빨라지는
햇살의 방문
덩달아
먼 산등성이
하얀 옷 갈아입고
초록을 뽐내기 시작하니
봄이 오는가
영혼 잠에서 깨어난다

실과를 원하는 삶
부끄럼 회개한 삶
그래도 부족한 삶
푸른 이파리 채워져도
열정이 살아있다면
훗날에 남겨질
이름 없는 선택이어도
감사함으로 받아들이고
한 불빛으로 남아서
내 님 밝히리

사랑은 소망의 숨결
그리고 고백

봄이 오는가
초록을 뽐내기 시작하니

백설의 꿈

눈이 왔어요
하늘 님 소식 갖고
세찬 바람과 함께
꿈을 퍼 나릅니다

햇살에 눈물로
겨울을 몰고 갑니다
가슴 녹여버린
가로수 눈꽃 송이로
흔들거리며

오늘을 웃을 수 있음은
감정을 묻어둔
어제의 아픔에
풍덩 빠져버린 그 날
무조건 아름답다고
쓰다듬어 주던 속삭임
환상이라고 노래하는
나는 없고
너만 훨훨 춤추며

숨넘어가는
부러울 것 없는 행진

사람은
누가 뭐래도 징검다리
늘 같이 가고 싶으니까
깨어나지 않을 거예요

꿈을 떠 나릅니다
세찬 바람과 함께

* 사랑품
* 안성맞춤
* 하루 또 하루
* 행복
* 사랑으로
* 시작
*진심
* 사랑의 한계
* 오선지 사랑
* 추억과 사랑
* 불변
* 좋은 사랑
* 사랑
* 사랑 복
* 사랑의 미학
* 초단순 사랑
* 행진
* 느낌
* 사랑은 말이야
* 사랑의 진실
* 사랑하기에
* 사랑 열차
* 참 소망
* 가까운 사랑
* 소망을 키우는 사랑
* 달리고 또 달려야
* 끝까지
* 그래서 사랑이다
* 사랑의 온도
* 계절 속의 사랑
* 사랑은
* 춘애
* 유치한 게 사랑이다
* 잔잔함 그리고 사랑
* 내가 좋다
* 위로와 보배
* 사랑의 참회록
* 사랑, 자라남
* 봄마중 사랑
* 사랑꽃 당신
* 인연
* 그대, 하늘 사랑으로
* 사랑꽃 2
* 끝까지
* 그런 사람 또 없습니다
* 살아 보니
* 인생 그것은
* 4월의 사랑
* 비야
* 春望
* 언제나 사랑
* 사랑의 계단

제2부

유치한 게 사랑이다

사랑하는 날 동안은
어처구니 없어도
어차피 눈이 멀기에
절정어린 환희이며
바꿀 수 없는 감격이다

세상 아무리 변해봐라
사랑의 본능은
더 유치해질 거니까
숨 멈춰 서더라도

사랑풂

거침없이 달려온
봄 기다리는
겨울 꽃밭의 쓸쓸함
별이 그리워
달그림자 붙들며
밤을 재촉하더니
그리움 한 뼘 다가왔다

다 끝나버리고 나면
후회가 무슨 소용
더 먹먹해지기 전에
사랑한다는 말도
함께 여행 가자는 말도
아낌없이 해야
숨길 수 없는 사랑인 거다

기억 하나로
사랑을 묶어 놓을 수 있다면
가르쳐 주지 않아도
처음 만난 두근거림을

질끈 동여매고
슬쩍 당신 손 잡아줄 거야

숨길 수 없는 사랑인 거다
아낌없이 해야

안성맞춤

신비함도
신기함도
와 닿지 않는
요망스런 시대

뭔 욕심은
그리도 많은지
탐욕의 그림자
짜증날 정도다

한 번쯤
휩쓸려 볼까

헛헛한 웃음만
깊이 묻어 두었다가
봄이 오면
까발려야겠다

역시
맞지 않는 옷은

쳐다보지도 말아야

내 옷은

당신이 준 사랑

그거 하나면

충분해

하루 또 하루

하루를 여는 건
당신의 뒤척임
그리고 한 마디
'일어나셨나요?'
눈을 뜨며
감사의 기도로
기분 좋게 창을 연다.

아침 웃음소리는
저녁 현관 여는 소리에
만남으로 행복하고
소소한 일상을
가벼운 대화로
저녁 식탁을 즐긴다.
내일을 기다리는 건
은혜로 내려주실
또 하루라는 기쁨
또 오늘이라는 감사
여전히 사랑이라는 믿음

행복

사랑의 농도를
볼 수만 있다면
세상에서
가장 예쁜
분홍빛 물결
정신 혼미하게
출렁일 겁니다

행복이 별거 아니래요
보고 싶은 사람 보고
먹고 싶은 거 먹고
하고 싶은 거 하면서
즐거우면 그게 행복이래요

난 정말
행복한 사람이네요
가슴 떨림
이미 들켜버렸습니다

사랑으로

삶이 무엇이더냐
빈 수레
이것저것 싣고
덜커덩거리며 떠난 길
멍들어 신음하는
정말 가련한 숨소리
보람이든
회한이든
하늘을 바라본다

끄트머리
눈물 보이지 않게
돌아서서
어깨 들썩이던 걸
안 봤을까
못 봤을까
많이 아팠을 텐데

쓸데없는 상상
멀리 던져버리고

한마디 말로라도
함께 걸어온 날
추억으로 곱씹고
웃으며 잠들고 싶다
사랑으로···

사랑으로…
빈수레

시작

마음에 묻어나는
떨림을 주는
가느다란 충격
멀리 예쁜 구름 속에
꽃을 부르고
이슬을 초대한다

그대의 기억 속에
따뜻한 사람으로
내 기억 속에
가슴 뛰게 만드는 사람으로
따지지 않는
보람이고 행복이면 좋겠다

하루를 가득 채워줄
어린아이 같은
소꿉 사람으로
해를 맞이한다
또 하루 웃음이다

진심

문득 떠오른 추억이
당신의 첫 모습이면
좋겠구요

깨어나기 싫은
꿈이 있다면
당신과 함께하는
여행이 확실합니다

견디기 힘든
눈물이 흐른다면
당신이 그리운
상사병일 거구요

보고있어도 보고 싶은
미친 사람이
우리라는 건
두말하면 잔소리입니다

사랑의 한계

사랑의 한계는
어디까지일까

모르긴 몰라도
내가 알고 있는 사랑은
한순간도
생각하지 않는 시간이
없다는 사실

의식적이든
무의식이든
집착이라는 누명도
달게 받아들이고
살며시 다가선다

햇살이 따로 있나
당신 미소가
투명하기만 한데
꿈에서 깨어난대도
두 손 맞잡은 그리움

언제까지나

사랑은 끝이 없는 거다

언제까지나
두 손 맞잡은 그리움

오선지 사랑

오선지 위에
악보를 그립니다

당신이 낮은 도를 그리면
나도 걸어가고
당신이 높은 도를 그리면
나도 달립니다

당신이 스타카토를 찍었다면
기막힌 절정이 있기에
나도 정성을 기울여
찬찬히 따라갑니다

당신이 늘임표를 넣으면
긴장 이완의 순간을
나도 환상의 화음으로
멋지게 색칠합니다

당신이 이음줄을 걸치면
고백의 기쁨을

나도 끈끈한 느낌으로
은은하게 끌어줍니다

당신이 쉼표를 앉히면
부르던 노래 잠시 멈추고
우리 가야 할 나라
꼬옥 안아 꿈꿉니다

오선지가 춤춥니다
사랑노래 ing

추억과 사랑

사랑은
늘 그리움 속에 물들고
좋아한다고
사랑한다고
고백할수록
더 애절하고
부족함이 많은 것

옛적
국민학교 운동장
이름 부르며 붙쫓던
아련한 그 친구
얼굴도 기억나지 않지만
마음에 묻어두고
전하지 못한 말
당신에게 다 해 버렸네

추억은 돌아가고 싶은
현재진행형
사랑은 영원하고 싶은
미래완료형

불변

봄이
마실 나올 때가 된 걸까
두툼한 외투 속
등짝이 촉촉해진다

겨우내 숨어있던
칼바람에 기죽은
목덜미가 하늘 보며
행복감에 빠지고

여기가 좋사오니
주야장천 주머니 속
나오기 싫은 두 손이
슬며시 나와 흔들면
저만치 햇살 반긴다

계절이 오가는
어수선한 날에
기분 좋은 깨달음
변하지 않는 하나
늘 함께하는 사람뿐

좋은 사람

그러고 보니
처음부터
닮은 사람이
곁에 있었다

살다 보면
닮아지는 거라는데
신기하게도
처음부터
촌스럽게 닮았다

여림이 강함이 되고
순박함이 멋스러워지고
동행의 날들이 맛나는
장터가 되었네

이리 돌리고
저리 돌려도
사랑은 언제나 그 자리
하나로 웃는다

사랑

수도사의 숨결
넘실대는
이곳이 바로
사랑의 산실

광야의 바람
옷깃을 풀어헤쳐도
하늘거리는
뜨거운 가슴의 고백
어둠을 녹이며
잔잔한 발라드로
봄날을 부르는
싱그런 매듭을 만든다

폭풍우 지나고 나면
더 푸른 호수 약속하며
새끼손가락 걸고
끝까지 달음질할 거야
참 좋은 그대
사랑이 부르니까

사랑 복

웃음 타고 오는
복이라는
익숙한 말

웃음이
주인이 되어야
행복 시작이고
빛살 가득한
화려한 날 맞는다

올곧음으로
사랑만 바라보던
순수의 시대가 있었는데
어쩌다 지금은
사랑이 노리개로
떨어져 버린 걸까

그래도
그럼에도
사랑은 이상의 현실

오늘을 살게 하는
최고의 선물

그래,
웃어봐
복이 온다니까
우린 사랑하기에

오늘 최고의 선물
사랑은 이상의 현실

사랑의 미학

그저 화사하단 말밖엔

겨울을 보내는
당신의 얼굴빛은
더디오는 봄날
이미 꽃밭에 앉아
소꿉놀이 시작했다

가슴속에서
툭 터져 나온 탄성
'이게 사랑인가?'

아무리
무지개 찾아 헤매어도
연분홍으로 물든
행복에 겨운 마음을
따라잡을 수 없네

이 또한 사랑의 열병
외롭지 않은···

초단순 사랑

사랑이라는 감정
처음 느낌은
꾸밈없는
단순한 행복

화려한 일상이
슬픔의 민낯
아프게 품듯
그리운 매 순간
꽃향기 가득
절정을 꿈꾸며

그냥 그냥
딱 하나만
사랑만 노래하는
바보가 되기로 한다

행진

에스프레소가 아니어도
아메리카노 향으로
코끝을 지나
심장이 울렁거린다

백 마디
천 마디 고백 아니어도
곁에 있어 주고
손 꼭 잡아주면
미소가 달려와
햇살을 내려준다

사랑은
어딘가에 있는
신기루가 아니다
보고 싶어 하는
불덩이 가슴 속
간절함의 눈물
동행의 노래

그래서

여기까지 온 거야

햇살을 내려준다
손 꼭 잡아주면

느낌

언제나 뜨거운
심장의 박동이
그리움으로
봄바람 타고 가려나

마음 한구석
살랑살랑 간지럼
견뎌내기 징그러운
복사꽃 입맞춤 부르면
추억의 바닷가
밀물 징하게 밀려올 거다

표현되지 않는
깊은 곳에 자리한
그리움의 실체
끝끝내 별빛 가리고
은은한 달빛으로
노래하라 칭얼거리면

사랑이란 게

안개에 뭉그러지는
미묘한 감정이라는 말
그렇게 뿌옇게
춤추며 날아온다
보일 듯 보일 듯

춤추며 날아온다
사랑이란게

사랑은 말이야

더디 오는
소식이라 해도
언젠가는
신기할 만큼
따스한 느낌
가득 안겨주니
계절이 아무리
고집을 세운다 해도
꽃향기 가득한
익숙함으로 안녕한다

사랑을 정의하라면
우습긴 하겠지만
사랑은
관심법이고
사랑은
소유법이다
언제든 내 생각이고
언제든 내 안에 있으니까

그래서 사람은

오늘을 달리는

증기기관차인 거야

봄의 꽃밭으로 가는

증기기관차인 거야
사랑은 오늘을 다리는

사랑의 진실

잘 나간다고
외롭지 않다면
얼마나 좋을까

인생은
그렇지 않더라
넘치는 객기에
가려져 있을 뿐
그늘에서 푸념과
쓸쓸해하는
마음에 우산 없이
눈물비를 맞으며
고해를 헤엄친다

향기 없는 꽃이라고
아름답지 않다면
정말 의미 없는 것
꽃이 그대로 꽃이듯
사람은
존재 그대로

바라보는 그대로
보람을 주는 거니까

눈물비를 맞으며
마음에 우산 없이

사랑하기에

아침 이슬 머금어
햇살 만나며
꽃잎 키워온
세월의 흔적은
여전한 꿈쟁이로
놀이터를 서성이고
영롱한 물방울
구름 위에 얹어 놓으면
이내 파란 하늘
아련한 추억 부른다

휘청거리는 삶에
죽도록 죽고 싶어도
웃음 주는 사람 있다면
가만히 어깨 내어주고
차 한잔 받아들어
온기를 나누며
귀에 익은 연주에 맞춰
그토록 노래하던

원더풀데이를 외친다

사랑하기에···

웃음 주는 사람 있다면
죽도록 죽고 싶어도

사랑 열차

바이러스에
완전 농락당한
황홀한 봄날
아슬아슬한 한기에
겨우내 숨겨놓은
두툼한 외투 속
두 손을 꺼내
하늘 향해 만세 하며
꿈 많은 청춘을
다시 불러온다

언젠가는
꽃잎 부풀어 올라
시름에 잠긴
흉흉한 세상 깨우면
사랑 하나만으로도
눈물겹게 살아갈
참 좋은 날 내리고
멈춰졌던 시간 열차

또다시 춤을 추겠지
사랑은 생명이니까

또다시 춤을 추겠지
사랑은 생명이니까

참 소망

하루가 갔다고
잘사는 것이라면
착각의 늪이
기다리고 있다

적어도
한 날의 설움이
남아있다면
그건 후회의 산물

발버둥친다고
도망갈 고뇌라면
생명도 내놨을 터
이 세상
내 숨과 바꿀 수 있는
티끌 하나도 없음을
묵상해보라

하늘의 은혜만이
동행의 사랑만이

나를 살리고
너를 살리는
복음이라는 진리

진실을 품는다
단 하나의
사랑이라는 소망

단 하나… 사랑이라는 소망
티끌 하나도 없음을
내 숨과 바꿀 수 있는

가까운 사랑

사랑과 아픔은
한 뼘 거리이다

미소로 두근거리고
꿈으로 뛰고
하나 되어 훨훨 날아
긴 겨울 덮어주던
묵직한 솜이불
외롭지 않음은
그대로 인한 눈부심
언제나 반짝이기 때문

큰 힘과 따스함으로
마음 녹여준
아주 사소한 한 마디
힘 빠진 무거운 어깨
기운 차리고 들썩인다

단순함
그리고 깨달음

그냥 마주 봄으로
좋은 게 사랑
아주 가까이

사랑과 아픔은
한 뼘 거리이다

소망을 키우는 사랑

작은 꿈이
아장아장 자라난다
사랑을 헐벗은
지친 영혼들에게
따뜻한 친구
행복한 노래
바보 같은 사랑의
유치하게 보이는
조건 없는 채움
나눠주고 싶다

사랑은 언제나
두 가지 충만함으로
불꽃을 사른다

더 주고 싶은
넘치는 설렘과 기쁨
그리고 기대로

적어도 많아 보이고

어떡해도 예뻐 보이는
그저 좋기만 한
덤 같은 축제의 날로

사랑은
아무리 볼품없어도
최고의 선물
행복의 극치

최고의 선물
사랑은 아무리 볼품없어도

달리고 또 달려야

생각이 게을러지면
사랑은 자꾸만
식어가는 생각으로
도망가기 마련

아무리 미안함이
가득해도
뜨거운 정은
흐르는 강물에
깊이 가라앉아
가슴 뛰게 달려가던
꽃향기 휘날리는
가슴을 잡지 못한다

어제도 아니고
내일도 아닌
오늘을 품어 주어야
사랑이 미안하지 않다
그렇게 사랑은
자꾸만 뜨거워야 하는 것

끝까지

세월의 바람에
시나브로 닳아진
여린 감성의 모서리
자작자작한 늪으로
아픔까지 품고
기억을 불러오는
사랑이 꽃피는 계절을
훨훨 몰고 온다

거울에 비친
주름 잡힌 흰머리 소녀
고달픈 날들
하늘의 은혜로 안아
인생의 계급장
더 자글자글해져도
생명의 노래 가득하니
숨 다하는 날까지
더불어 가기로 한다
세상 가장 예쁜 사람으로
끝까지

그래서 사랑이다

가만히 돌아보니
사랑을 쟁취하려 할 때는
무조건 잘난 줄 알았는데
사랑의 진실을 알게 되니
여전히 부족함투성이더라

곰곰이 생각해보니
사랑을 하고 싶을 때는
하늘의 별도 딸 것 같았는데
사랑의 깊음을 알게 되니
아직도 줄 것이 남아있더라

쓰디쓴 북풍이 고마운 건
광야에 생명의 외침이 있듯
고난의 터널을 지났어도
꿋꿋한 들꽃의 생명력으로
견뎌낸 예쁜 사랑이 있더라
지금 여기 내 곁에

사랑의 온도

커피 90도
아이스크림 영하 18도
콜라 4도
가장 맛있는 온도

사랑을 위해
흘린 눈물
내일을 위해
참은 눈물
행복을 위해
삼킨 눈물

최고의 맛일 텐데
몇 도일까

사랑의 온도는
표현하기 힘든
동행의 삶

가슴이 느끼는 열정
예쁨 그대로

계절 속의 사랑

가슴 시리게 한 겨울
나뭇가지 새움 틔우기 위해
처절한 몸부림으로
하루가 짧다

봄의 꽃밭 향연도
열정의 여름을
그토록 아프게
기다리며 울어대려나

계절의 하루살이는
견뎌내기 힘든
그리움의 눈물로
차곡차곡
기다림을 쌓아가고

부르고 또 외쳐도
사라지지 않는
사랑이라는 이름은
언제나 내 심장을

웃음으로 두드리며
목말라하네
끝까지 내 사람이라고

기다림을 쌓아가고
계절의 하루살이는

사랑은

사랑이
의무감으로 달려가면
거기엔
조건이 따라가고

사랑이
피곤함을 느끼면
거기엔
흙탕물이 흐른다

사랑은
무의식의 습관으로
한 권의 책 속에 담겨진
주인공이 되고

사랑은
숨김없이 드러낸
한마디 고백으로 피어난
최고의 축제
천국행 동행 열차

춘애

안녕 하는
아픈 겨울에
나를 올리고
너를 띄우며
우리가 앉아
노래 부른다

봄이 오고
새싹 피어나도
서로에게 눈멀었던
그리움의 눈물
여전히 흐를 거다

유치한 게 사랑이다

인연
운명
숙명

다하지 못한
행복의 굴렁쇠는
촉촉하게 외친다
파도여도
본능은 물이라고
그 안에 잠길 수 있다고
그래서 또 함께 굴러간다

사랑 하나로
충분하다 말하면
유치하다고
세상물정 모른다고
순진한 게 아니라 바보라고
일침을 놓지만
사랑하는 날 동안은
어처구니 없어도

어차피 눈이 멀기에
절정어린 환희이며
바꿀 수 없는 감격이다

세상 아무리 변해봐라
사람의 본능은
더 유치해질 거니까
숨 멈춰 서더라도

어차피 눈이 멀기에
유치한 게 사랑이다

잔잔함 그리고 사랑

끈질기게 견뎌온
지난겨울 들풀의 자리
제대로 옷 벗지 못한
갈색 껍질을 뚫고
푸르름이 마중 나온다

행여나 추울까
어쩌면 눈물흘릴까
배려의 마음씀이
긴긴 시간으로
가슴 저미는 강을
삼켜버렸다

초록빛 가득한 날
다시 한번
로만 폴라스키의
피아니스트를 보면서
진짜 멋진 잔잔함을
곱씹어야겠다

사랑에 견주어서
화려한 봄날
소풍을 꿈꾸며

멋진 잔잔함을 곱씹어야겠다
피아니스트 로만 폴라스키를 들으면서

내가 좋다

내가 좋다

뭔가 빈듯하지만
왠지 여유롭고
뭔가 허술한 듯하지만
왠지 따뜻하고

내가 좋다

하나밖에 모르지만
그게 멋있는 삶이고
하나만 알지만
그게 진짜 맛있는 삶이고

나는 내가 좋다

세상 그 무엇보다
사랑 하나로 충분해서

위로와 보배

마음 가운데
자리한 그날 이후
소중함이
미소로 머물고
소유함으로 느꼈던
지난날 행복은
옆자리 편하게 내어준
더불어 가는 걸음으로
충분한 위로가 되었다

풍요로움 속에
느낌도 없이 잃어버린
자유함과 감사를
삶의 고통을 긁는
바닥을 곱씹고 나서야
들풀 같은 인내로
찬 이슬 닦아가며 기다린
말로 다 할 수 없는
충만한 보배가 되었다

사랑의 참회록

지난 저녁
싱크대에 널브러진 그릇
설거지

일상이 되어버린
세탁기 돌리기

수수하게 좋아하는
칼칼한 동태탕 끓이기

무얼 하든
동행이 있음으로 가능한
소확행

세상 보기 싫다고
먼저 가버렸으면
생각하기도 싫은 지옥을
어찌 견뎌 냈을까

살아있음이

바라보고 있음이
함께 걸어감이
말하지 않아도 사랑이다

제대로 살아보려면
사랑의 참회록은
꼭 간직해야 한다
그것이 행복이다

말하지 않아도 사랑이다
함께 걸어감이

사랑, 자라남

기다려온 봄바람
햇살 바른 마당
겨우내 숨어있던
동면의 세계 흔들어
차가운 생명을 깨운다

사랑에 눈떠
사랑에 빠지고
사랑에 미쳐
사랑에 목숨 거는
바보 같은 청춘은
결코 멈춰지지 않는
최고의 선택이기에
봄이면 더 향기론
노래를 부른다
사랑은 자라나는
생명이니까

겨울을 견디고
봄날을 품어

여름을 이기고 나면
그것으로 됐다
한 겹 사랑 더 쌓았으니
더 뿌듯할 거야

더 뿌듯할 거야
생명이니까
사랑은 자라나는

봄마중 사랑

꼭꼭 싸맨
겨울날 마음 구석
바삭거리는 풀섶에
풀어 헤쳐놓으면
투덜대던 신세타령도
잘 견뎌낸 날들이라고
속삭이는 소리로
휘잉 휘잉
차갑고 아픈 날
배웅하러 나간다

세월이 쏜살이라고
인생이 급행열차라고
입이 아프도록 말했어도
지금 여기까지
돌고 돌아온 것 같은데
깨달아지는 진실은
아름답게 품어주는
예쁜 지름길이었음을

하늘의 복으로 화장한
한결같은 인연이
손잡아 주었기에
지금 여기
이렇게 활짝 웃고 있잖아

이렇게 활짝 웃고 있잖아
손잡아 주었기에
한결같은 인연이

사랑꽃 당신

꽃은 연약하지만
가장 강한 믿음이다
피어있는 그대로 아름답고 향기롭기 때문

많이 알지 못하는
꽃의 이름들

국화
장미
채송화
해바라기
백합

머리를 쥐어짜면
몇 개 더 생각나겠지만
이래저래 한계에 이른다

그래도
평생을 두고
단박에 말할 수 있는

가장 예쁜 꽃이 있다

진하지 않지만
곁을 지켜주는 은은함
평안과 소망
웃음과 눈물을
시시때때로 안겨준
가슴 설레게 하는
고귀한 연민의 꽃,
동행으로 노래하는
당신이다

사랑꽃 당신

인연

숱하게 인연을 얘기한다
노래 한 소절로
시 한 구절로

눈 비비고 돌아봐도
하나 된 인연만큼
신비스럽게 좋은 인연을
아직까지 찾지 못한 건
사랑 하나로 충분함을
자연스레 증명하는 것

사랑을 갈구하며
애수를 노래하는 것도
떨어지기 싫은 마음을
홀로 피어서라도
향기가 되고 싶은
사랑에 눈먼 인연 때문이다

시름시름 상사병에
멍든 가슴 눈물로

애원의 씨앗
땅에 떨어져도
다시 피어날 꽃
인연으로 품는다

다시 피어날 꽃
땅에 떨어져도

그대, 하늘 사람으로

조심스레 문 두드리는
그리움 먹은 봄비
처마 타고 흘러내려
먼지 쓸어내리며
또 한 자락 사랑 노래
아지랑이로 피어올라
그대 가슴 적시려나

비 개인 오후
소환해야 할 기억들이
회색 구름 사이 서성이고
아직은 먹먹한 감성
꽃망울 터뜨리는
아프지만 속 시원한 웃음에
맘껏 입맞춘다

드디어 겨울 철벽 뚫고
삐죽 얼굴 내미는
연둣빛 새순의 행진에
수난과 부활의 십자가

선명한 하늘 사랑으로

가슴을 출렁인다

선명한 하늘 사랑으로

겨울 철벽 뚫고

사랑꽃 2

살아온 날을
몇 조각 내어도
부서지는 파편마다
뿜어 나오는 것 있으니
뜨거운 만남의 땀방울

단 한 번도
연습 없이 달려온
패기로운 젊은 날
두려움 없는 사랑 열차
많이도 넘어졌지만
포기하지 않고
다시 일어선 용기
좌절보다는 묵직한 은혜로
사랑 끈을 꼭꼭 묶어준다

그래서 알았다
피어있다고 다 꽃이 아니라
향기를 주기에 꽃인 것을
심장에 꽂힌 사랑꽃인 것을
또 무얼 바랄 게 있을까

끝까지

수줍음
세월 몇 겹을 둘러도

발 동동 구름
매일 따라갔어도

설렘
셀 수 없이 고백했어도

황홀함
긴긴날 익숙한 향기였어도

고마움
끝없는 함께의 소유였어도

아~ 끝까지 가는 게
사랑이다
끝까지···

그런 사람 또 없습니다

삶을 이야기하고
행복에 겹다고
얘기할 수 있는 사람이
사랑을 아는 사람

말의 유희와 홍수
건질만 한 게 있다면
가슴이 불타는
사랑을 표현할 줄 아는 사람

찰나의 쾌락보다는
언제나 깊이 잠겨있는
동행의 한 걸음을
소중하게 품는 사람이
세상 가장 예쁜 사람

기억 속에서 싸우지 않고
추억을 나누어 가지며
오늘의 아픔을 응원하고
빈 하늘 가득 채우는

미소 흘러넘쳐나는 사람

그 사람 바로 당신
그런 사람 또 없습니다

미소 흘러넘쳐나는 사람
사랑을 표현할 줄 아는 사람

살아 보니

살아 보니
넘어짐이 아프게 하지만
굳은살 심어주는
하늘의 선물임을
감사함으로 깨닫고

살아 보니
흔들림으로 몸살을 앓지만
교만함을 일깨워주는
하늘의 사랑임을
눈물로 고백하고

살아 보니
좁은 길 벗어나 죽는 것 같았지만
영생의 기쁨을 눈뜨게 해준
하늘 소망의 강력임을
사명 회복으로 결단하고

살아 보니
하늘 내 님이 맛있고

동행의 내 님이 멋있다
아침이슬 같은 청초함으로
피날레는 사랑이다

인생 그것은

눈물을 간직하고
촉촉함을 그리워하면
어둔 세상을
품어줄 수 있을까
배고픔에 움켜잡고
하늘을 바라보면
목마른 영혼이
아픔까지 삼킬 수 있을까
삶이 고달프다고
한숨을 내 쉬며
망울 터뜨리는 목련이
활짝 웃어줄 수 있을까

이리저리 채이는
들풀 같은 인생살이
아침이슬 머금고 고백하는
가슴 뜨거운 포옹으로
여기까지 살아왔으니
품고 삼키며 웃어주는
진실한 사랑 있어서
달콤씁쌀한 날들이다

4월의 사랑

한마디로
뭐라 해야 하나
이 말이 생각난다
꽃 흐드러지게 피었네

사전을 찾아본다
정말 기막힌 단어다
어쩜 이리도 예쁠까
꽃 이름도 잘 모르지만
가장 잘 어울리는 말

4월을 빛내줄
가슴 뜨거워지는 향기
화무십일홍이라 해도
내가 죽기 전까지는
사랑스럽게 피어있을
당신이라는 꽃이 있어
그저 행복할 뿐이다

비야

비가 참 좋다

미세먼지
황사
코로나
듣기만 해도
넌더리 나는 녀석들
오늘만큼은
빗줄기에 씻겨간다

내일 하늘은
부끄럼 없는 봄날을
자신 있게 소개하겠지
내 안에 사랑처럼

그림자 밟으며
언제나 온기로 적셔주는
부끄럼 많은 꽃잎 같은
너와 나 건조함 몰아내는

비가 참 좋다

비야
밤을 새워 내려라

비가 참 좋다
너와 나 건조함 몰아내는

春望

신비스러운 마음
오라고 하지 않아도
먼저 가슴을 뛰게 하고
꽃샘추위라는 이름으로
사랑을 강추

오래전 손편지 뒤적이다
이십 대 푸르름 돌아보니
그게 정말 살아가는 모습 같아
묻어나는 미소 멈출 수 없다

젊음을 떠나보낼 마음
하나도 품지 않았었는데
깊어지는 주름과 희끗한 지붕
어느새 친밀하게 자리하고
감성을 자극하네

나이에 맞게 사는 건
사라지지 않은 열망으로
시 한 편 꽃망울 톡톡 피어나는

분홍빛 마음을
잔잔한 호수에 풀어놓는
끝없는 사랑 소꿉놀이

사랑은 강추
꽃샘추위라는 이름으로

언제나 사랑

그 무엇이든
끝의 노래가 있다

기쁨의 환호성이든
절망의 눈물이든
잠시 멈춤으로
속도 조절을 하며
꽃봉오리 쓰다듬고
초록이 그리운
연두에게 손 내밀어
봄의 끝판까지
함께 달려가기로 한다

아하, 그러고 보니
사랑의 힘 그 빛깔을
정열이라 부른다
가슴 터질 때까지
뜨거울 테니까

사랑의 계단

바람 불어와도
비가 내려도
꽃은 피더라

향기마저도
멈춰 설 줄 알았는데
지나가던 나비까지
꿀샘으로 불러
가슴 촉촉이 적셔주고
꽃이 되더라
가만히 돌아보니
한발 곁으로 다가가
발맞추는 게 기쁨이더라
한걸음 뒤따라가
불러주는 게 행복이더라
훌쩍 앞서
손잡아 주니
이게 사랑이더라

오늘도 난 사랑한다

* 성금요일 사랑
* 부활을 예비하며
* 봄비에 젖은 사랑
* 선물
* 기대
* 순수를 품다
*그 사람
* 사랑은
* 러블리 랩소디
* 최고의 사랑
* 본질
* 정말 끝까지
* 사랑하는 사람
* 다시
* 사랑의 말
* 인생
* 청 靑
* 또 사랑
* 추억과 오늘 사랑
* 세월 속 사랑
* 다시 태어나도

제3부

다시 태어나도

숙명으로 치부하며
쌓아올린 돌탑 하나

생각대로 되지 않는
엇박자 청춘
이리저리 조각을 맞춰
어설픈 계산속이라도

심층 해수에 묻어버린
먹먹한 가슴으로
다시 태어난대도
당신 안아주는
유일한 사랑이 되고 싶다

성금요일 사랑

가장 아름다운 만남
소중한 보혈의 선물로
지상 최대의 인연이 되고
사랑을 말할 수 있는
붉은 심장을 간직합니다

멀기만 했던 하늘 자리
못 박힌 손으로 잡아주니
순백의 영혼이 춤추며
어느새 물속에 풀어진
자유함이 노래를 합니다

부족함조차도 웃어주니
부끄러움까지도 진실이 되어
하나 된 천국 가족으로
모든 것이 은혜라고
기도의 향을 피워냅니다

그 사랑 안에
우리도 사랑할 수밖에 없는

달콤한 눈물과 땀방울
끝없는 동행의 연가로
눈을 감을 겁니다

붉은 심장을 간직합니다
사랑을 말할 수 있는

부활을 예비하며

점점 뜨거워지는
햇살의 발광을
무성해지는 잎새 밑에서
그늘의 기쁨으로 두고
찜찜하고 어중간한
봄 같지 않은 봄날을
착각의 늪 속에서
겨울로 묶어 놓는다

아직도 찾아야 할
사랑의 신비가
힘겹게 돌고 돌아
희미해져 가는 추억을
기억해내지 못한대도
수양버들 흔들리며
꽃가루 쏟아내고
눈만 감아도 어느덧
품속의 따뜻함 누리고
연둣빛 계절 다가오며

씨익 웃음으로 끄덕인다

부활의 아침
예약해 놓았으니까
달려가기만 하면 된다
사랑으로···

달려가기만 하면 된다
사랑으로

봄비에 젖은 사랑

봄비가 내렸습니다
먼 산 그 자리 지키며
숨통 틔우는 온기로
꽃망울 준비하고
빗줄기 깊어질 때
촉촉한 꽃잎 편지
하늘하늘 날아옵니다

우아한 목련도
청초한 산수유도
정감어린 벚꽃도
비를 머금어 영롱한데
부활의 기쁨 누리는
소망의 얼굴빛은
십자가의 은혜로
붉게 피어나는
생명의 강을 노래합니다

마음에 감동 밀려와
기도하는 마음으로

그리움을 그리며
아무리 흔한 말
유치찬란하다 해도
하늘 사람으로
당신을 사랑한다고
말하겠습니다

말하겠습니다
당신을 사랑한다고
봄비가 내렸습니다

선물

행복이라고 하는
소소한 것들
봄
햇살
새순
꽃길
그리고 미소
그 어느 것 하나
놓칠 수 없는
곱디고운 선물

겨우내 눈멀었던
향기론 자태의
어슬렁거리는 춤판이
물리지 않는 감동으로
파란 하늘을 물들이면
여기까지 함께 걸어온
청아한 그대를
더욱 아름답게 그리고
사람이라는 도장을

힘껏 꾸욱 눌러
깊어가는 봄날을
눈물 나도록 풀어헤친다

흔하고 유치하지만
가장 살맛나는
사람의 놀이터
고귀한 계절의 선물

봄 햇살 새순 꽃길
고귀한 계절의 선물

기대

언제나 그랬듯
그리움은
꽃잎 날리는
흐느낌으로
봄날을 맞이하고

하늘이 내린 만남
삶의 무게를 짊어진
응어리 풀어주며
따뜻하게 안아준
중독되어버린
당신의 향기로
어제를 살았고
내일은 시를 씁니다

마지막 생명을
떨구기 위해
몸부림치는 가지처럼
물먹은 하늘 끝
두근거리는 가슴

토닥이며 걸어갑니다
귀천의 그날까지
노래 부르며

두근거리는 가슴
꽃잎 날리는
그리움은

순수를 품다

흑백은 추억되고
컬러도 부족해
제조의 현실에 산다

사랑의 생채기에
순수함 묻어 있는
아날로그가 그리운 건
인생을 모른다기보다
디지털의 폐해를 넘은
사이버의 오수에 잠긴
잃어버린 알몸의 신비

늦지 않았다
손편지라도 써서
사랑의 순수를
찾아내야 한다
그래야 사는 멋이 있고
살맛 나니까

그 사람

죽을 것처럼
눈 퉁퉁 붓게 울고
내일이 없을 것처럼
깊은 한숨 쉴 때도
실망과 체념의
부서져 버린 약속을
끝까지 기다리는 것이
순수의 시대
회복해야 할 참 에덴
결론은 담백하다
지워지지 않는 사람
사랑을 생각나게 한 사람
가슴 떨리게 하는
단 한 사람이 있다고
그 사람 당신이라고
세상 접을 때까지

사랑은

그리움 하나이듯
진짜 사랑은
하루살이의 심정으로
오늘을 사는 것

확인할 필요가 없는
우리 사랑은
시작이 그랬듯
마지막도 같은 가슴으로
봄날을 꿈꾸는 것

이렇듯 사랑은
마음먹은 대로
희망을 만들어 내는
내일을 품은 행복
끝없는 갈채

러블리 랩소디

봄비 내린 후
전령사의 잔해가
거리에 가득한데
마지막까지
봄을 지키려
바람에 아등대는
전사의 후예인 양
벚꽃 한 잎
애처롭기까지 하다

사랑이 바로 이거다
세상이 아무리 깝쳐도
한 번 품은 마음은
영롱한 땀방울로
죽기까지 함께 가는
러블리 랩소디

최고의 사랑

봄 아지랑이 오르니
서로 다투어
푸르름을 더 해가고
동면의 움은
꽃을 터뜨린다

섬세함이 멋들어지는
미완성의 피조물
향기 품은 꽃으로
사랑의 열병 앓고

아무것 아닌 내게
사랑 쏟아주셨기에
그 사랑으로
죽도록 사랑한다

본질

말을 만들어 내는 게
사람이라고 했다면
이미 머리에 쥐가 나서
세상 구경을 다 했을 터

살아보니 돌아보니
사람은 가슴으로 보고
손으로 잡아주며
열정으로 노래하는
넉넉한 마음가짐

아껴줄수록 소중해지고
그리워할수록 더 아름답고
바라볼수록 더 향기 나는
사랑할 수밖에 없는 사람

정말 끝까지

터널 지나야 햇살이듯
산길 지나야 평안

파도를 두려워하면
수평선이 멀어지고
빈손을 아쉬워하면
자족함이 쓰러진다

생명이 있는 만남은
끊임없는 노력으로
추억을 만들고
가치 있는 만남은
아낌없는 배려로
완성해 가는 사랑

사랑은 보고픔의 회복이자
그리움의 눈물이며
통증을 삭여주는 갈망이고
석양으로 함께 넘어가는

우리 둘의 손잡음

끝까지
정말 끝까지

산길 지나야 평안
터널 지나야 햇살이듯

사랑하는 사람

사랑의 시 한 편
가슴에 담고 싶은 아침

가득 채워지지 않는
울림으로 남는다 해도
마주침만으로도
한 줌의 사랑 얻을 수 있는
아깝지 않은 고백의 혼으로
정오의 햇살 내림 부르며
봄날을 붙잡아 둔다

사랑의 시 가슴 녹이며
완성되면
한줄기 눈물 흘러내려도
아낌없는 그리움으로 달려오는
오늘 내 영혼의 기대
내 삶의 끈끈한 바람

다시

청춘의 날과
작별하던 날들
세월의 한숨이
상실감을 불러와도
그날들의 추억이
아름다운 건 사실

괜스레 바람만 불어도
낙엽 날려도
비가 내리기만 해도
턱 괴고 분위기 잡던
젊은 날 연가

흘러간다고
잊히는 건 아니다
새로운 설렘으로
사랑을 꿈꾸면
언제까지나
하늘 아래
또다시 동행 그대

사랑의 말

말로 하는 게
사랑은 아니지만
가장 예쁘고 좋은
따뜻함을 느끼게 하는
고백이라는 게
품고 있는 불변의 생각

말이 많아 탈도 많은
말 같지 않은 세상
말다운 말이 넘치면
웃음도 평화도
행복도 그냥 올 텐데

세상을 몰라도
너무 모른다고
약 올려봐라
아무리 그래도
사랑 하나로
충분하다고 말할 테니까

꿈을 꾸게 해주고
쉼의 노래를 주는
사랑의 고백만이
세상을 아름답게
만들어 줄 거니까

행복도 그냥 올 텐데
말다운 말이 넘치면

인생

단순해지기
한 가지 마음만

목마른 삶
영혼의 노래만

헛헛한 마음
느껴지는 대로만

삶의 끝자락
그리움이었다고
사랑이라고

여기까지
참 좋았다고
행복했노라고

청 靑

파랑색 꿈을 꾸다
파란 하늘에 넋을 잃어
파랑으로 대문 색칠하고
둘만의 작은 방
자물통 걸어 두었다

무럭무럭 자라나는
꿈쟁이들의 소망
사랑꾼으로 외출하면
오늘 이렇게 훌쩍
파란 궁전으로 반짝인다

유혹이 딴지 걸고
질투가 불을 질러도
꼭꼭 잠가둔 외통수 사랑은
눈물을 흘려서라도
심장 적시는 열쇠 하나
주머니 깊이 넣어두었다
우리 파란 나라이니까

또 사랑

무엇이든
되어주고 싶은 게
사랑이다

햇살로 꽃을
비 내림으로 우산을
바람으로 땀방울을
숲으로 쉼을
서로에게 물들고 싶은
말해봐야 입만 아픈
그저 바라만 봐도
어여쁜 사람은
이미 인생 육십을
홀딱 잡아먹어 버린
하늘의 선물로
오늘을 함께 살아간다

추억과 오늘 사랑

돌아갈 수 없는
마냥 싱그러웠던
푸른 5월의 캠퍼스
빨간 열정이 피어나
끝없었을 것 같았던
젊은 날의 초상

돌고 돌았던 소문
여린 마음으로 품은
간 쓸개 다 내준
바보라 불리던 순정꾼
눈물 핥아서 말리던
적나라한 터질듯한 심장

늘 빈 잔의 허전함
산샘을 찾아
퍼내고 채워주고
청춘을 부둥켜안았더니
오늘 중후한 날
참 좋은 사랑을 누린다

세월 속 사랑

희미한 기억이라도
한줄기 미소로
간직되는 것이라면
아름다운 사랑이다

실연의 생채기가
더부룩하게 쌓여가도
함께 걸어갈
작은 오솔길 접어들면
새살 올라와
마음 따뜻해지고

하루를 살아가는 건
천년을 뒤로한 전설
오랜 숲에 묻어둔 채
오늘을 함께 나누는
예쁜 동행의 끝판왕

다시 태어나도

세월을 거슬러 그렇게도 갈구하던
젊음 사랑의 때
그래서 오늘 여기 서 있다

기억되지 않을
아무도 알아주지 않는
가슴 적시는 실연도
숙명으로 치부하며
쌓아올린 돌탑 하나

생각대로 되지 않는
엇박자 청춘
이리저리 조각을 맞춰
어설픈 계산속이라도

심층 해수에 묻어버린
먹먹한 가슴으로
다시 태어난대도
당신 안아주는
유일한 사람이 되고 싶다